GO AHEAD 5/6

Grammatisches Beiheft

Cornelsen

Go Ahead 5/6 **Grammatisches Beiheft**

für die Jahrgangsstufen 5 und 6 an bayerischen Realschulen

erarbeitet von John Eastwood, Street, Somerset
Klaus Berold, Kulmbach

Berater der Lehrwerkreihe Go Ahead sind Volker Anders, Mallersdorf-Pfaffenberg
Werner Epp, Kempten
Gerlinde Eberhardt, Surberg
Gisela Fiedler, Nürnberg
Renate Grieshaber, Kempten
Renate Heidemeier, Eichstätt
Jürgen Kanhäuser, Rain
Reinhold Schnell, Frickenhausen

Verlagsredaktion Stefanie Gröne

Projektleitung Helga Holtkamp

redaktionelle Mitarbeit Barbara Swayne, Andrew Dowdall

Design und Layout James Abram

Umschlaggestaltung David Graham

Cartoons Wendy Sinclair

www.cornelsen.de

2. Auflage, 3. Druck 2008 / 06

Druck: CS-Druck Cornelsen Stürtz, Berlin

ISBN 978-3-8109-2515-2

Inhalt gedruckt auf säurefreiem Papier aus nachhaltiger Forstwirtschaft.

Inhaltsverzeichnis

An den Schüler/die Schülerin

Was findest du in diesem Heft?

Dieses **Grammatische Beiheft** enthält die ganze Grammatik, die du in **Go Ahead 5** und **6** kennen musst. Du kannst es verwenden, wenn du Dinge nachschlagen oder wiederholen möchtest. Zusätzlich zum Grammatikstoff der einzelnen Units aus dem Schülerbuch findest du hilfreiche Zwischenkapitel, wie zum Beispiel eine Übersicht über die Zeitformen (S. 30), eine Liste mit Präpositionen (S. 46) und eine Auflistung aller unregelmäßigen Verben aus **Go Ahead 5** und **6** (S. 52–53).

Wie finde ich, wonach ich suche?

Wenn du etwas nachschlagen möchtest, dann schaue im **Inhaltsverzeichnis** (auf der vorangehenden Seite) oder im **Register** (S. 56) nach. Sie zeigen dir, in welchem Kapitel/auf welcher Seite du dein Thema findest. Wenn du vor einer Schulaufgabe die Grammatik wiederholen möchtest, die ihr gerade im Unterricht behandelt habt, dann verwende den **Go Guide** (auf der nächsten Seite). Der **Go Guide** ist nach den Schülerbüchern **Go Ahead 5** und **6** geordnet und zeigt dir, welches Kapitel im **Grammatischen Beiheft** du dir anschauen solltest.

Wie verwende ich dieses Heft?

Lies dir die Erklärungen und Beispiele durch. Die Erklärungen sind in der Regel dieselben wie die im Grammatikanhang des Schülerbuchs, doch die Beispiele sind andere. Fast alle Kapitel im **Grammatischen Beiheft** haben einen Verweis zum Schülerbuch.
Zum Beispiel: Unter der Überschrift von Kapitel 1 **Wortstellung** steht **Go 5 Unit 7 Sit 2–4**. Dies bedeutet, dass du den Dialogtext und die Übungen hierzu in **Go Ahead 5 Unit 7** Situations 2, 3 und 4 findest.

Die Erklärungen helfen dir zu verstehen; sie sollen nicht auswendig gelernt werden. Die Beispiele sind viel wichtiger. Es ist manchmal eine gute Idee, die Beispiele laut vorzulesen und zu wiederholen.

Selbstverständlich wirst du deine alten Freunde Ralfi, Ricky und Rocky wieder treffen. Sie haben selbst eine Menge zu sagen – zusätzlich zu den Hinweisen und Lerntipps, die sie bereits im Schülerbuch geben. Vielleicht bringen sie dich mit einigen Bemerkungen zum Schmunzeln und helfen dir somit auch ein wenig beim Lernen.

Go Guide

Go Ahead 5

UNIT 1			
Intro 1	Sit 1–3	34	Personalpronomen (Subjektformen)
		6	Die Gegenwart von *be*
Intro 2	Sit 4	44	Wochentage
	Sit 5	46	Die Uhrzeit
	Sit 6–7	9	Das simple present (bejaht)
	Sit 8	24	Fähigkeit: *can*
UNIT 2			
Intro 1	Sit 1–4	10	Das simple present mit *do* und *does*
Intro 2	Sit 5	35	Personalpronomen (Objektformen)
	Sit 6	10	Kurzantworten im simple present
UNIT 3			
Intro 1	Sit 1	36	Die Possessivbegleiter
	Sit 2	38	*this, that – these, those*
	Sit 3	27	Die Mehrzahl der Nomen
Intro 2	Sit 4–5	8	Die Gegenwart von *have got*
UNIT4			
Intro 1	Sit 1–2	11	Das present progressive
Intro 2	Sit 3	31	Zählbare und nicht zählbare Nomen
	Sit 4	7	*there is/there are*
	Sit 5	45	Das Datum
UNIT 5			
Intro 1	Sit 1	5	Der Imperativ
	Sit 2	41	Häufigkeitsadverbien
Intro 2	Sit 3–4	12	Present progressive oder simple present?
UNIT 6			
Intro 1	Sit 1	25	Notwendigkeit: *must*
	Sit 2	28	Der *s*-Genitiv
		29	Die *of*-Fügung
Intro 2	Sit 3	4	Fragewörter
	Sit 4	30	Die Artikel
UNIT 7			
Intro 1	**Sit 1**	45	Zahlen und Geldbeträge
	Sit 2–3	1	Wortstellung: Adverbiale Bestimmungen
Intro 2	Sit 4	1	Wortstellung: Nebensätze
	Sit 5	26	Erlaubnis: *may*

Go Ahead 6

UNIT 1			
Intro 1	Sit 2	39	Steigerung und Vergleich von Adjektiven
Intro 2	Sit 3–5	39	Steigerung und Vergleich von Adjektiven
UNIT 2			
Intro 1	Sit 1	13	Das simple past von *be*
	Sit 2–3	14	Das simple past (bejahte Aussagesätze)
Intro 2	Sit 4–5	15	Das simple past mit *did*
UNIT 3			
Intro 1	Sit 1	21	Das Futur mit *going to*
Intro 2	Sit 2–3	37	Die Possessivpronomen
UNIT 4			
Intro 1	Sit 1–2	16	Das present perfect
Intro 2	Sit 3	17	Das present perfect mit *already*, *just* und *yet*
	Sit 4	32	*some* und *any*
UNIT 5			
Intro 1	Sit 1–2	22	Das Futur mit *will*
Intro 2	Sit 3	19	Present perfect oder simple past?
	Sit 4	18	Das present perfect mit *ever* und *never*
UNIT 6			
Intro 1	Sit 1	20	Das past progressive
Intro 2	Sit 2–3	40	Adverbien der Art und Weise
UNIT 7			
Intro 1	Sit 2	33	*a lot of/lots of*, *many* und *much*
Intro 2	Sit 3–4	43	Relativsätze

1 Diese Ziffern beziehen sich auf die Nummer der Kapitel in diesem **Grammatischen Beiheft**

1 Wortstellung
Go 5 Unit 7 Sit 2-4

Word order

a Subjekt und Verb

Die Wortstellung ist im Englischen genau festgelegt. In Aussagesätzen ist sie immer: Subjekt – Verb

Subject and verb

SUBJECT	VERB
My leg	hurts.
Adam	is coming.

Nach dem Verb kann ein Objekt stehen.

SUBJECT	VERB	OBJECT
We	watch	television.
The boys	don't like	their presents.
You	can see	the car.

b Adverbiale Bestimmungen

Orts- und Zeitangaben stellen wir meist an das Satzende. Dabei gilt **Ort** vor **Zeit**.

Adverbial phrases

SUBJECT + VERB (+ OBJECT)	ADVERBIAL (PLACE)	ADVERBIAL (TIME)
The rabbit runs	**around the garden**.	
Amy buys a comic		**most Mondays**.
We go	**to the skate park**	**every day**.
Adam plays football	**in the park**	**after school**.

Eine Zeitangabe kann auch an den Satzanfang treten.

ADVERBIAL (TIME)	SUBJECT + VERB (+ OBJECT)	ADVERBIAL (PLACE)
On Wednesdays	Ravi goes	to the chess club.
After tea	we can watch TV	in my room.

Auch andere adverbiale Bestimmungen können am Satzanfang vorkommen.

Beachte Die Wortstellung bleibt Subjekt + Verb, z.B. *we buy*.

ADVERBIAL	SUBJECT + VERB (+ OBJECT)	ADVERBIAL (PLACE)
Of course	we buy our food	at the supermarket.
Sometimes	my mum walks	to work.

Orts- und Zeitangaben dürfen aber nie zwischen Verb und Objekt stehen.

SUBJECT	VERB	OBJECT	ADVERBIAL
We	**eat**	**our breakfast**	in the kitchen.
Amy	**plays**	**the piano**	every day.

*Amy **spielt** jeden Tag **Klavier**.*

c Nebensätze

Nebensätze beginnen mit *because*, *when*, *where*, *after*, *before*. Die Wortstellung in Hauptsätzen (*main clauses*) und Nebensätzen (*subordinate clauses*) ist dabei: Subjekt + Verb.

Ein Nebensatz steht normalerweise hinter dem Hauptsatz, kann aber auch davor stehen.

Subordinate clauses

MAIN CLAUSE	SUBORDINATE CLAUSE	
SUBJECT + VERB		SUBJECT + VERB
I'm wearing red	because	**I support** Arsenal.
The postman comes	after	**we go** to school.
You must be quiet	when	**I'm talking**.

SUBORDINATE CLAUSE	MAIN CLAUSE
When I'm talking,	you must be quiet.
Before you go,	you can listen to my new CD.

2 Satzarten

Es gibt Aussage-, Frage-, Befehls- oder Ausrufesätze.

Eine Aussage kann positiv oder negativ sein.

In einem negativen Aussagesatz steht *n't* oder *not* nach dem Verb. Im *simple present* steht *n't* oder *not* nach einer Form von *do*.

Sentence types

STATEMENT	My sister likes Boyzone.
QUESTION siehe **3**	What bands do you like?
IMPERATIVE siehe **5**	Listen to this CD.
EXCLAMATION	Oh, great!

POSITIVE STATEMENT	This song **is** very good. I **like** this band.
NEGATIVE STATEMENT	This song **isn't** very good. I **don't like** this band.

3 Fragen

Fragen sind entweder Entscheidungsfragen oder werden mit einem Fragewort gebildet.

Eine Entscheidungsfrage können wir mit *yes* oder *no* beantworten. Die Frage beginnt mit einem Verb wie *are*, *can*, *do*.

Ein Fragewort ist ein Wort wie *where* oder *what*. Siehe **4**

Questions

Are you ready? ~ **Yes**, I am.
Can your brother sing? ~ **No**, he can't.
Do you watch The Simpsons? ~ **Yes**, I think it's great.

Where are you going? ~ To the park.
What's the date today? ~ It's the fifth.

4 Fragewörter
Go 5 Unit 6 Sit 3

Question words

Fragewörter sind *what*, *who*, *whose*, *where*, *when*, *why*, *how*.

Mit *what?* (was?) fragen wir nach **Sachen** oder **Handlungen**.

What's that on the table? ~ A present for you.
What are you doing? ~ I'm talking to my hamster.

Wir können *what* alleinstehend oder zusammen mit einem Nomen (*what number*) verwenden.

What number is your house.? ~ Thirty-six.
What time is it? ~ Ten past four.
What colour is Kirsty's dress? ~ Blue.

Mit *who?* (wer?) fragen wir nach **Personen**.

Who wants a hamburger? ~ I do. Thank you.

MERKE:

Who's hat zwei Bedeutungen.
Es steht für *who is* **wer ist**
who has **wer hat**

Who's that? ~ Daniel. He's Jessica's brother.
Who's got my magazine? ~ I have. I'm just looking at it.

Mit *whose?* (wessen?) fragen wir, **wem etwas gehört**.

Whose bag is that?
Whose computer can we use?

Wenn wir wissen wollen, **wo** sich etwas befindet oder **wohin** jemand geht, fragen wir mit *where?* (wo?/wohin?).

Where are the photos?
Where does your dad work?
Where is this bus going?

Beachte *who?* = wer?
where? = wo?

Mit *when?* (wann?) fragen wir nach dem **Zeitpunkt**.

When is our next maths lesson?
When can you visit us?

Nach dem **Grund** fragen wir mit *why?* (warum?).

Why are you so quiet?
Why do you read this silly magazine?

Mit *how?* (wie?) fragen wir nach der **Art und Weise**.

How do I start the computer?
How do you spell that word?

5 Der Imperativ
Go 5 Unit 5 Sit 1

a Bejahter Imperativ

Wie der Imperativ (Befehlsform) gebildet wird, wissen wir schon. Es handelt sich einfach um die Grundform eines Verbs, z.B. *come*, *look*, *play*.

Am Ende von Imperativsätzen steht meistens ein Punkt und nicht unbedingt ein Ausrufezeichen.

Es ist oftmals höflicher, zusammen mit einem Imperativ das Wort *please* zu verwenden.

The imperative

Positive imperative

Come here a minute.
Look at this picture.
Play something for us on the piano.

Open the presents.
Öffne/Öffnet/Öffnen Sie die Geschenke!

Come here a minute, **please**.
Please play something for us on the piano.

b Verneinter Imperativ

Der Imperativ wird verneint, indem wir *don't* davor setzen.

Negative imperative

Don't come in the classroom, please.
Komm/Kommt/Kommen Sie bitte nicht ins Klassenzimmer!
Don't sit on the hamster.
Don't be late.

6 Die Gegenwart von „be"
Go 5 Unit 1 Sit 1-3

a Bejahte Aussagesätze mit „be"

be entspricht dem deutschen Verb „sein". Die Gegenwartsformen sind *am*, *are*, *is*.

Beim Sprechen verwenden wir meistens die Kurzform (*short form*), beim Schreiben oft die Langform (*long form*). Bei den Kurzformen lassen wir den ersten Buchstaben von *am*, *are*, *is* weg. Es muss aber dafür ein Apostroph (') stehen.

The present tense of 'be'

Positive statements with 'be'

SHORT FORMS	LONG FORMS	
I**'m** eleven.	I **am** eleven.	*ich bin*
You**'re** OK.	You **are** OK.	*du bist, Sie sind*
He**'s** Ben.	He **is** Ben.	*er ist*
She**'s** nice.	She **is** nice.	*sie ist*
It**'s** great.	It **is** great.	*er/sie/es ist*
We**'re** here.	We **are** here.	*wir sind*
You**'re** new.	You **are** new.	*ihr seid, Sie sind*
They**'re** nice.	They **are** nice.	*sie sind*

MERKE:

Im Englischen gibt es nur eine Form für die drei verschiedenen Formen im Deutschen.

du bist
ihr seid = *you are*
Sie sind

b Verneinte Aussagesätze mit „be"

Bei der Verneinung ergänzen wir *am*, *are* und *is* durch *not*.
Es gibt auch bei der Verneinung Kurz- und Langformen. Bei den Kurzformen fällt das *o* von *not* weg und wird durch ein Apostroph (') ersetzt.

Einzige Ausnahme: *I'm* ***not***.
Nur bei *I am* bleibt *not* unverkürzt erhalten.

Negative statements with 'be'

SHORT FORMS	LONG FORMS
I'm not silly.	I **am not** silly.
You **aren't** twelve.	You **are not** twelve.
He **isn't** very nice.	He **is not** very nice.
She **isn't** my friend.	She **is not** my friend.
It **isn't** OK.	It **is not** OK.
We **aren't** ready.	We **are not** ready.
You **aren't** new.	You **are not** new.
They **aren't** late.	They **are not** late.

c Entscheidungsfragen mit „be"

Fragen, die wir mit „Ja" oder „Nein" beantworten (können), heißen Entscheidungsfragen.

Bei Entscheidungsfragen mit *is*, *are*, *am* vertauschen wir einfach Subjekt und Verb.

Yes/no questions with 'be'

SUBJECT	VERB	
Sophie	is	here.
VERB	**SUBJECT**	
Is	Sophie	here?

MERKE:

Es ist genau wie im Deutschen.
Aus „Sophie ist hier" wird „Ist Sophie hier?"

d Kurzantworten

Im Englischen antworten wir auf Entscheidungsfragen nicht nur mit *yes* oder *no*. Wir können auch die höflicheren Kurzantworten (*Yes, I am.*) verwenden. Sie bestehen aus *Yes*/*No*, einem Personalpronomen (*I*, *you*, *he*, …) und einem Verb (*am*, *are*, *aren't*, …).

MERKE:

Bei *Yes*-Antworten verwenden wir immer die Langformen: Also immer *Yes, she is* (nicht *she's*).

Short answers

QUESTIONS	SHORT ANSWERS
Are you in my class?	Yes, **I am**.
	No, **I'm not**.
Am I right?	Yes, **you are**.
	No, **you aren't**.
Is your dad here?	Yes, **he is**.
	No, **he isn't**.
Is Sophie your friend?	Yes, **she is**.
	No, **she isn't**.
Is it maths now?	Yes, **it is**.
	No, **it isn't**.
Are you two OK?	Yes, **we are**.
	No, **we aren't**.
Are we in the photo?	Yes, **you are**.
	No, **you aren't**.
Are the girls ready?	Yes, **they are**.
	No, **they aren't**.

e Fragen mit Fragewörtern

Fragen mit Fragewörtern können wir nicht mit *yes* oder *no* beantworten. Die Antwort kann ein Wort oder ein ganzer Satz sein.

Auch hier vertauschen wir Subjekt und Verb, um eine Frage zu bilden.

Die Fragewörter (*what*, *where*, *when*, …) stehen am Anfang des Fragesatzes.

Questions with question words

	SUBJECT	VERB	
	His name	is	Ben.
	VERB	**SUBJECT**	
What	is	his name?	~ Ben.
Where	are	the girls?	~ In the park.
When	is	the game?	~ At three o'clock.
How	are	you?	~ OK, thanks.

7 there is/there are

Go 5 Unit 4 Sit 4

Mit *there is* und *there are* können wir sagen, dass etwas vorhanden ist.

Wenn wir über etwas im **Singular** sprechen (**eine** Person oder Sache), dann verwenden wir *there is*. Die Kurzform ist *there's*.

Wir verwenden *there is* auch mit einem nicht zählbaren Nomen, z.B. *sugar*, *money*, *music*.

Wenn wir über etwas im **Plural** sprechen (**mehr als eine** Person oder Sache), dann verwenden wir *there are*.

Die Verneinung ist *there isn't/there aren't*.

Fragen können wir mit *Is there/Are there …?* bilden.

there is/there are

There is a tree in the garden.
Es ist, es steht …
There are discos every week.
Es gibt …

There is a **supermarket** near here.
There's a **camera** in my room.

There's some **sugar** on the table.

There are some **budgies** in that cage.

There isn't time for breakfast.

Is there football on TV? ~ Yes, **there is**. Liverpool and Arsenal.
Are there grizzly bears in the zoo? ~ No, **there aren't**.

8 Die Gegenwart von „have got"

Go 5 Unit 3 Sit 4-5

The present tense of 'have got'

a Bejahte Aussagesätze mit „have got"

Wenn wir sagen wollen, dass jemand etwas **hat** oder **besitzt**, so verwenden wir *have/has got*. Wir verwenden *has* in der dritten Person, z.B. mit *he*, *she*, *it*, *Ben*, *the rabbit*.

Positive statements with 'have got'

SHORT FORMS	LONG FORMS
I'**ve got** a computer.	I **have got** a computer.
You'**ve got** my bag.	You **have got** my bag.
Ben'**s got** a sister.	Ben **has got** a sister.
She'**s got** an umbrella.	She **has got** an umbrella.
It'**s got** a hutch.	It **has got** a hutch.
We'**ve got** a cat.	We **have got** a cat.
You'**ve got** uniforms.	You **have got** uniforms.
They'**ve got** a piano.	They **have got** a piano.

b Verneinte Aussagesätze mit „have got"

Um einen Aussagesatz mit *have got* zu verneinen, fügen wir zwischen *have/has* und *got* das Wort *not* ein.

Es gibt bei der Verneinung Kurz- und Langformen.

Negative statements with 'have got'

SHORT FORMS	LONG FORMS
I **haven't got** an uncle.	I **have not got** an uncle.
You **haven't got** a chair.	You **have not got** a chair.
He **hasn't got** a pen.	He **has not got** a pen.
She **hasn't got** a guitar.	She **has not got** a guitar.
It **hasn't got** a cage.	It **has not got** a cage.
We **haven't got** a dog.	We **have not got** a dog.
You **haven't got** your bikes.	You **have not got** your bikes.
They **haven't got** a car.	They **have not got** a car.

c Entscheidungsfragen mit „have got"

Bei Entscheidungsfragen mit *have got* vertauschen wir einfach Subjekt und Verb.

Yes/no questions with 'have got'

Oliver **has** got a pet.

Has Oliver got a pet?

d Kurzantworten

Bei Entscheidungsfragen mit *have got* verwenden wir Kurzantworten, z.B. *Yes, I have*. Das *got* fällt dabei in der Kurzantwort weg.

MERKE:

Bei *Yes*-Antworten verwenden wir immer die Langformen: Also immer *Yes, he has* (nicht *he's*).

Short answers

QUESTIONS	SHORT ANSWERS
Have you **got** a ruler?	Yes, **I have**.
	No, **I haven't**.
Have I **got** time?	Yes, **you have**.
	No, **you haven't**.
Has Ben **got** a girlfriend?	Yes, **he has**.
	No, **he hasn't**.
Has your sister **got** a job?	Yes, **she has**.
	No, **she hasn't**.
Has the car **got** a radio?	Yes, **it has**.
	No, **it hasn't**.
Have you **got** your books?	Yes, **we have**.
	No, **we haven't**.
Have we **got** the right answer?	Yes, **you have**.
	No, **you haven't**.
Have your friends **got** a car?	Yes, **they have**.
	No, **they haven't**.

e Fragen mit Fragewörtern

Auch hier müssen wir Subjekt und *have/has* vertauschen, um eine Frage zu bilden.

Die Fragewörter (*what*, *when*, *why*, …) stehen jedoch noch davor, am Anfang des Fragesatzes.

Beachte aber: *Who has got …?*

Questions with question words

What has Amy got in that box? ~ A new game.
When have you got time? ~ Now.
Why have those people got uniforms? ~ I don't know.

9 Das simple present: bejahte Aussagesätze

Go 5 Unit 1 Sit 6-7

The simple present: positive statements

a Gebrauch

Wir verwenden das *simple present*:

- wenn wir über etwas sprechen, das **wiederholt** (regelmäßig, oft, immer …) oder **nie geschieht**.
- wenn wir über **Dauerzustände** sprechen, über Dinge, die sich nicht verändern.
- wenn wir ausdrücken wollen, was jemand **denkt** oder **fühlt**.

Use

The kids **go** to school every day.
Adam sometimes **plays** computer games.
We **ride** our bikes at the weekend.

These posters **belong** to me.
I never **go** to school on Sunday.
The CD costs £15.

I **think** that's a good idea.
We **like** this song.
I'm hungry. I **want** my tea.

b Form

Das *simple present* hat die gleiche Form wie der Infinitiv (Grundform des Verbs).

Nur die 3. Person Singular (z.B. mit *he*, *she*, *it*, *Ben*, *my sister*, *the car*) endet auf *-s* oder *-es*.

Form

I	**play** computer games.
You	**play** with Ben every day.
He	**plays** chess.
Amy	**plays** the piano.
The rabbit	**plays** on the grass.
We	**play** basketball at school.
You all	**play** in the team.
The kids	**play** in the park.

c Aussprache und Schreibweise

Pronunciation and spelling

Nach den stimmlosen Konsonanten [p], [t], [k], und [f], sprechen wir das *s* stimmlos: [s].

My mum wor**ks** in a bank. [k] + [s]
She ge**ts** home at five. [t] + [s]

Nach den stimmhaften Konsonanten [b], [d], [g], [l], [m], [n], [ŋ], [v] und [ð] und nach Vokalen sprechen wir das *s* stimmhaft: [z].

Sophie fee**ds** the dog. [d] + [z]
My mum dri**ves** me to school. [v] + [z]
Ben kn**ows** the answer. [əʊ] + [z]
Jack **buys** a sandwich. [aɪ] + [z]

Nach den Zischlauten [s], [z], [ʃ], [tʃ], [ʒ] und [dʒ] hängen wir *-es* oder *s* an. Die Aussprache ist [ɪz].

Amy practi**ses** on the piano. [s] + [ɪz]
My brother wa**tches** football on TV. [tʃ] + [ɪz]

Beachte folgende Besonderheiten:
do [du:] + *es* = *does* [dʌz]
go [gəʊ] + *es* = *goes* [gəʊz]
say [seɪ] + *s* = *says* [sez]

Jessica do**es** exercises at home.
Ben often go**es** to Adam's house.
Adam say**s** he's ready for school.

Bei Verben, die auf einen Konsonanten + *y* enden, wird das *y* zu *ie*:
fly** – **flies**, **hurry** – **hurries**, **carry** – **carries

Ricky **flies** to school.
He always hur**ries** home.

Nach einem Vokal bleibt das *y*:
play** – **plays**, **buy** – **buys

Kirsty pl**ays** basketball.

10 Das simple present mit „do" und „does"

Go 5 Unit 2 Sit 1-4, Sit 6

The simple present with 'do' and 'does'

a Verneinte Aussagesätze

Wir bilden verneinte Aussagesätze im *simple present* mit …

- *doesn't* + Grundform in der 3. Person Singular (z.B. *he, she, it, Oliver, the bus*)
- *don't* + Grundform bei allen anderen Personen (z.B. *I, you, we, they, my friends*)

Negative statements

I **don't like** this song.
You **don't know** the answer.

Oliver **doesn't want** his tea.
She **doesn't go** to school.
The bus **doesn't come** this way.

We **don't play** computer games.
They **don't speak** English.

MERKE:

In der 3. Person steht ein *-s*. In einem bejahten Satz kommt es am Ende des Verbs vor (*lives*). In einem verneinten Satz kommt es in dem Wort *doesn't* vor. Bei der Verneinung steht das Verb (*live*) immer in der Grundform ohne *-s*.

POSITIVE

I **live** in Germany.
He **lives** in England.

NEGATIVE

I **don't live** in England.
He **doesn't live** in Germany.

b Entscheidungsfragen und Kurzantworten

Bei Entscheidungsfragen und Kurzantworten im *simple present* verwenden wir *do* oder *does*:

does in der 3. Person Singular (*he, she, it*)

don't bei allen anderen Personen (*I, you, we, they*)

MERKE:

Auch bei Fragen in der 3. Person steht nur ein *-s*, und zwar bei *does*.

Yes/no questions and short answers

QUESTIONS	SHORT ANSWERS
Do you walk to school?	Yes, **I do**. No, **I don't**.
Do I play the piano OK?	Yes, **you do**. No, **you don't**.
Does your dad work here?	Yes, **he does**. No, **he doesn't**.
Does Kirsty live in your road?	Yes, **she does**. No, **she doesn't**.
Does the game start at seven?	Yes, **it does**. No, **it doesn't**.
Do we want this poster?	Yes, **we do**. No, **we don't**.
Do the boys watch Star Trek?	Yes, **they do**. No, **they don't**.

c Fragen mit Fragewörtern

Auch bei diesen Fragen im *simple present* verwenden wir *do* oder *does*.

Die Fragewörter (*what*, *where*, *how*, …) stehen vor *do/does*, am Anfang des Fragesatzes.

Wenn *who* oder *what* nach dem Subjekt fragen, so steht kein *do* oder *does*.

Questions with question words

QUESTION WORD	DO/DOES	SUBJECT	VERB
What	**do**	you	**watch** on TV?
Where	**does**	Kirsty	**live**?

Who drives you to school? ~ My mum.

↓

My mum drives me to school.

11 Das present progressive

Go 5 Unit 4 Sit 1-2

a Verwendung

Mit dem *present progressive* sagen wir, dass jemand **gerade etwas tut** oder dass **jetzt etwas passiert**.

It isn't raining on Ricky, but it's raining on Ralfi.

b Bejahte Aussagesätze

Wir bilden das *present progressive* mit *am*, *are* oder *is* + Verb + *-ing*.

Wir verwenden sowohl Kurzformen (*'m*, *'re*, *'s*) als auch Langformen (*am*, *are*, *is*).

Im gesprochenen Englisch sind jedoch Kurzformen die Regel.

The present progressive

Use

Positive statements

SHORT FORMS	LONG FORMS
I**'m** listen**ing**.	I **am** listen**ing**.
You**'re** winn**ing**.	You **are** winn**ing**.
He**'s** watch**ing** TV.	He **is** watch**ing** TV.
She**'s** play**ing**.	She **is** play**ing**.
It**'s** rain**ing**.	It **is** rain**ing**.
We**'re** hurry**ing**.	We **are** hurry**ing**.
You**'re** do**ing** OK.	You **are** do**ing** OK.
They**'re** work**ing**.	They **are** work**ing**.

c

Schreibweise

Bei der *-ing*-Form gibt es einige Regeln zur Schreibweise.

- Wir müssen den Endkonsonanten vor *-ing* verdoppeln, wenn der vorangehende Vokal als ein Buchstabe geschrieben wird und betont ist.
- Wenn der Vokal aber mit zwei Buchstaben geschrieben wird, gibt es keine Verdoppelung:
- Es gibt auch keine Verdoppelung, wenn der letzte Vokal unbetont ist:
- Wenn wir ein *-e* am Ende eines Verbs nicht sprechen, so fällt es vor *-ing* weg.

Spelling

get → ***getting***
put → ***putting***
swim → ***swimming***
win → ***winning***

rain → ***raining***
speak → ***speaking***

visit → ***visiting***

close → ***closing***
dance → ***dancing***
drive → ***driving***
write → ***writing***

d

Verneinte Aussagesätze

Verneinte Aussagesätze im *present progressive* bilden wir mit der verneinten Form von *be* und der *-ing*-Form des Verbs.

Negative statements

SHORT FORMS	LONG FORMS
I'm not play**ing**.	I **am not** play**ing**.
You **aren't** sitt**ing** down.	You **are not** sitt**ing** down.
He **isn't** rid**ing** his bike.	He **is not** rid**ing** his bike.
She **isn't** walk**ing**.	She **is not** walk**ing**.
It **isn't** rain**ing**.	It is **not** rain**ing**.
We **aren't** do**ing** maths.	We **are not** do**ing** maths.
You **aren't** listen**ing**.	You **are not** listen**ing**.
They **aren't** read**ing**.	They **are not** read**ing**.

e

Entscheidungsfragen und Kurzantworten

Yes/no-Fragen im *present progressive* bilden wir, indem wir *am*, *are* oder *is* vor das Subjekt stellen.

She **is** practising.
Is she practising?

Yes/no questions and short answers

Am I do**ing** it right?	Yes, **you are**. / No, **you aren't**.
Are you listen**ing**?	Yes, **I am**. / No, **I'm not**.
Is Oliver swimm**ing**?	Yes, **he is**. / No, **he isn't**.
Is Sophie com**ing** home?	Yes, **she is**. / No, **she isn't**.
Is it rain**ing**?	Yes, **it is**. / No, **it isn't**.
Are we winn**ing**?	Yes, **you are**. / No, **you aren't**.
Are you practis**ing**?	Yes, **we are**. / No, **we aren't**.
Are they mak**ing** a cake?	Yes, **they are**. / No, **they aren't**.

f Fragen mit Fragewörtern

Auch hier vertauschen wir Subjekt und *am*/*are*/*is*, um eine Frage zu bilden.

Die Fragewörter (*where*, *what*, *why*, …) stehen ganz am Anfang des Fragesatzes.

Wenn *who* oder *what* nach dem Subjekt fragt, ist die Satzstellung wie im Aussagesatz.

Questions with question words

Where are you go**ing**? ~ To the shop.
What is Sophie do**ing**? ~ She's reading.
Why are you walk**ing**? ~ Ben's got my bike.

Who is winnning? ~ Ben.

Ben is winning.

12 Present progressive oder simple present?

Go 5 Unit 5 Sit 3-4

a Verwendung

Wir verwenden das *present progressive*, wenn Ereignisse beschrieben werden, die **jetzt gerade geschehen** und **noch nicht vorbei** sind.

Oft steht es mit *now*, *at the moment* oder *today*.

Das *simple present* benutzen wir, wenn jemand etwas **wiederholt tut**.

Es steht oft mit Häufigkeitsadverbien, wie *always*, *often*, *usually*, *sometimes*, *never*, *every day*/*week*.

Present progressive or simple present?

Use

PRESENT PROGRESSIVE	SIMPLE PRESENT
The farmer **is working today**.	He **usually drives** the tractor every day.
At the moment he **is driving** his tractor.	He **never goes** away on holiday.

b Verben, die nicht im present progressive stehen

Folgende Verben stehen gewöhnlich im *simple present*, nicht im *present progressive*. Sie beschreiben keine Tätigkeiten, sondern

- **Zustände**: *cost* = kosten; *belong to* = gehören; *need* = brauchen
- **Gefühle:** *like* = mögen; *love* = lieben; *want* = wollen; *hate* = hassen
- **Gedanken:** *know* = wissen; *remember* = (sich) erinnern; *mean* = meinen; *forget* = vergessen; *think* = glauben

Verbs not used in the present progressive

13 Das simple past von „be"

Go 6 Unit 2 Sit 1

The simple past of 'be'

a Bejahte Aussagesätze mit „was/were"

Das *simple past* von *be* lautet *was* oder *were*. Wir verwenden es, um über die **Vergangenheit** zu sprechen. *Was* benutzen wir in der 1. Person Singular (mit *I*) und in der 3. Person Singular (z.B. mit *he*, *she*, *it*, *my friend*).

Positive statements with 'was/were'

I **was** ill yesterday.
You **were** late this morning.
My friend **was** 12 last Friday.
We **were** at school yesterday.
You **were** all late on Monday.
They **were** on holiday in August.

b Verneinte Aussagesätze mit „was/were"

Um die Verneinung zu bilden, hängen wir *not* an *was/were* an.

Es gibt bei der Verneinung Kurz- und Langformen.

Negative statements with 'was/were'

SHORT FORMS	LONG FORMS
I **wasn't** here yesterday.	I **was not** here yesterday.
You **weren't** on the bus.	You **were not** on the bus.
Ben **wasn't** at school.	Ben **was not** at school.
We **weren't** ready.	We **were not** ready.
You **weren't** in last night.	You **were not** in last night.
The chips **weren't** hot.	The chips **were not** hot.

c Entscheidungsfragen mit „was/were"

Bei Entscheidungsfragen mit *was/were* vertauschst du einfach Subjekt und Verb.

MERKE:

Es ist genauso in der Gegenwart. Aus *The film is good* wird *Is the film good?*

Yes/no questions with 'was/were'

SUBJECT	VERB	
The film	**was**	good.
VERB	**SUBJECT**	
Was	the film	good?

d Kurzantworten

In Kurzantworten verwenden wir *was*, *wasn't*, *were* oder *weren't*.

Short answers

Was that sweater expensive? ~ Yes, **it was**.
Were you at the game? ~ No, **I wasn't**.
Was I a nice baby? ~ Yes, **you were**.
Were your friends at the disco? ~ No, **they weren't**.

e Fragen mit Fragewörtern

Auch hier musst du Subjekt und Verb vertauschen, um eine Frage zu bilden.

Die Fragewörter (z.B. *when*, *where*, *how*) stehen ganz am Anfang des Fragesatzes.

Questions with question words

When was the party? ~ Last Saturday.
Where were your sisters yesterday? ~ At school.
How much **was** your hamburger? ~ One fifty.

14 Das simple past (bejahte Aussagesätze)

Go 6 Unit 2 Sit 2-3

The simple past (positive statements)

a Verwendung

Wir verwenden das *simple past*, um über die **Vergangenheit** zu sprechen. Das *simple past* kommt oft in Berichten, Geschichten und Erzählungen vor.

Meist wird es mit Zeitbestimmungen wie *yesterday*, *last Friday*, *a month ago*, *in 1996* gebraucht.

Mit dem *simple past* sagen wir, **wann** etwas geschehen ist oder **wann** jemand etwas getan hat.

Use

This is me in Florida last summer. It was a good holiday. I stayed there for two weeks. Most days I went to the beach.

b Regelmäßige Verben

Das *simple past* bildest du aus der Grundform des Verbs und der Endung *-ed*.

Es gibt nur eine Form für alle Personen.

Regular verbs

I play**ed** basketball yesterday.
Sophie push**ed** the wheelchair.
You walk**ed** a long way.
The kids watch**ed** TV.

Für die Aussprache der *-ed*-Endung gelten folgende Regeln:

- nach harten (stimmlosen) Lauten ➔ [t] — loo**ked** [lʊkt], fini**shed** ['fɪnɪʃt]
- nach weichen (stimmhaften) Lauten ➔ [d] — tur**ned** [tɜːnd], sta**yed** [steɪd]
- nach den Lauten [t] und [d] ➔ [ɪd] — pos**ted** ['peʊstɪd], a**dded** ['ædɪd]

Beachte die Schreibung:

- stummes *-e* entfällt — use ➔ us**ed**, like ➔ lik**ed**
- *-y* nach Konsonant wird zu *-i-* — tid**y** ➔ tid**ied**, worr**y** ➔ worr**ied**
- Endkonsonant wird verdoppelt, wenn der vorangehende Vokal als ein Buchstabe geschrieben wird und betont ist. — swa**p** ➔ swa**pped**

c Unregelmäßige Verben

Viele gebräuchliche Verben haben unregelmäßige Formen für das *simple past*. Auf den Seiten 52–53 findest du eine Liste unregelmäßiger Verben.

drive ➔ *drove* *see* ➔ *saw*
think ➔ *thought* *have* ➔ *had*
feel ➔ *felt* *cost* ➔ *cost*

Irregular verbs

My mum **drove** us to the disco last night.
We **saw** the game on Saturday.
I **thought** it was great.
Ravi **had** a good time.
I **felt** really angry.
This CD **cost** £13.50.

15 Das simple past mit „did"

Go 6 Unit 2 Sit 4-5

The simple past with 'did'

a Verneinte Aussagesätze

Verneinungen werden für alle Personen mit *did not/didn't* und der Grundform des Verbs gebildet. Das gilt sowohl für regelmäßige als auch für unregelmäßige Verben.

Negative statements

You **didn't start** the video.
Sorry I'm late. I **didn't hear** the bell.
Tessa **didn't buy** her brother a birthday present.

b Fragen

Entscheidungsfragen im *simple past* werden mit *did* und der Grundform des Verbs gebildet. *Did* wird vorangestellt, dann folgt das Subjekt und die Grundform des Verbs. Bei Kurzantworten verwenden wir auch *did*.

Bei Fragen mit Fragewörtern (*what, where, when,* …) stehen diese am Anfang.

Wenn *who* oder *what* nach dem Subjekt fragt, so steht **kein** *did*.

> **MERKE:**
>
> ***Who saw** you?*
> Wer hat dich gesehen?
>
> ***Who did** you see?*
> Wen hast du gesehen?

Beachte In Verneinung und Frage wird die Grundform des Verbs verwendet. Also braucht man die unregelmäßige Form in diesen Fällen nicht.

Questions

Did Mr Williams **give** us homework? ~ Yes, he **did**.
Did you **watch** Star Trek last night? ~ No, I **didn't**.
Did your sisters **enjoy** the disco? ~ Yes, they **did**.

What did you think of the film? ~ It was great.
Where did Anita buy that dress? In India.
When did you get back from America? ~ Yesterday.

Who won the game? ~ Adam.
↓
Adam won the game.

What happened? ~ Nothing.
↓
Nothing happened.

16 Das present perfect

Go 6 Unit 4 Sit 1-2

The present perfect

a Verwendung

Wir verwenden das *present perfect*, wenn wir sagen wollen, **dass jemand etwas getan hat** oder **dass etwas geschehen ist**. Der genaue **Zeitpunkt** des Geschehens ist **unwichtig** und wird **nicht genannt**.

Oft wirkt sich die Handlung auf die Gegenwart oder Zukunft aus, indem wir das Ergebnis einer Handlung feststellen können.

Use

I've washed mum's car. *Jetzt ist es sauber.*
She**'s given** me a pound. *Jetzt habe ich ein Pfund.*

b Regelmäßige Verben

Das *present perfect* bildest du mit *have/has* und dem Partizip Perfekt (*past participle*). *Has* benutzt man in der 3. Person Singular, z.B. mit *he*, *she*, *it*, *Ben*.

Bei regelmäßigen Verben hängt man für das Partizip Perfekt *-ed* an die Grundform:
listen ➔ *listen**ed*** *stay* ➔ *stay**ed***

Für die Schreibweise und Aussprache der *-ed*-Endung gelten dieselben Regeln wie für das *simple past* (vgl. S. 21).

Beachte die unterschiedliche Satzstellung im Deutschen:

Du **hast** meinen Brief **geöffnet**.

Regular verbs

SHORT FORMS	LONG FORMS
I**'ve listened** to this CD.	I **have listened** to this CD.
You**'ve opened** my letter.	You **have opened** my letter.
Ben**'s finished** his work.	Ben **has finished** his work.
She**'s switched** on the TV.	She **has switched** on the TV.
We**'ve answered** the question.	We **have answered** the question.
You**'ve** all **guessed** right.	You **have** all **guessed** right.
They**'ve finished** their game.	They **have finished** their game.

phone ➔ have/has phon**ed**
hurry ➔ have/has hurr**ied**
drop ➔ have/has dro**pped**

You **have opened** my letter.

c Unregelmäßige Verben

Grundform	Simple Past	Partizip Perfekt
bring	brought	brought
buy	bought	bought
do	did	done
fall	fell	fallen
find	found	found
hear	heard	heard
lose	lost	lost
make	made	made
see	saw	seen
win	won	won
write	wrote	written

Irregular verbs

I've lost my maths book. It isn't in my bag.
You**'ve come** at last.
Sophie **has written** the address down.
We**'ve done** all our jobs for today.
The Fosters **have bought** a new car.

MERKE:

Egal, ob es im Deutschen „haben" oder „sein" heißt – beim *present perfect* steht immer *have* oder *has*.

***I've** lost my book.*	Ich **habe** mein Heft verloren.
*You**'ve** come at last.*	Du **bist** endlich gekommen.

d Verneinte Aussagesätze

Verneinungen werden mit *have not* (*haven't*) oder *has not* (*hasn't*) und dem Partizip Perfekt gebildet.

Negative statements

SHORT FORMS	LONG FORMS
I **haven't seen** the film.	I **have not seen** the film.
You **haven't read** the book.	You **have not read** the book.
He **hasn't heard** the news.	He **has not heard** the news.
Amy **hasn't opened** her present.	Amy **has not opened** her present.
We **haven't started**.	We **have not started**.
They **haven't done** their homework.	They **have not done** their homework

e Fragen

Bei Fragen steht *have* oder *has* vor dem Subjekt.

Kurzantworten werden mit *yes/no* + Subjekt + *have* oder *has* gebildet.

Questions

QUESTIONS	SHORT ANSWERS
Have I **finished** now?	Yes, **you have**. No, **you haven't**.
Have you **printed** the message?	Yes, **I have**. No, **I haven't**.
Has Ravi **done** his homework?	Yes, **he has**. No, **he hasn't**.
Have we **seen** this film before?	Yes, **we have**. No, **we haven't**.
Have the girls **posted** their letters?	Yes, **they have**. No, **they haven't**.

Bei Fragen mit Fragewörtern (*what, where, why, …*) stehen diese am Satzanfang.

What have you bought at the shops? ~ This sweater.
Where has dad put my sandwiches? ~ On the table.
Why have your friends gone home? ~ They want to watch the Simpsons.

Wenn *who* oder *what* nach dem Subjekt fragen, ist die Satzstellung wie im Aussagesatz.

Someone has written this on the board.
↓
Who has written this on the board?

17 Das present perfect mit „already", „just" und „yet"

Go 6 Unit 4 Sit 3

The present perfect with 'already', 'just' and 'yet'

Sätze im *present perfect* drücken aus, dass etwas **irgendwann** in der Vergangenheit passiert ist.
Wann genau wird nicht gesagt.

Deshalb steht das *present perfect* oft zusammen mit **Adverbien der unbestimmten Zeit** wie *already*, *just* und *yet*.

He has just slipped on a banana skin.
Er ist gerade auf einer Bananenschale ausgerutscht.

already und *just* stehen vor dem Partizip Perfekt.

When are you going to do your homework, Ben?
~ **I've already done** it. (already = *schon, bereits*)

Sophie can't be hungry. She**'s just had** a hamburger. (just = *gerade, soeben*)

yet wird nur in Verneinungen und Fragen verwendet. Es steht am Satzende.

Have you **started** your project **yet**? ~ No, not yet. I haven't had time. (yet = *schon*)

It's only quarter to seven. Adam **hasn't got** up **yet**. (not … yet = *noch … nicht*)

18 Das present perfect mit „ever" und „never"

Go 6 Unit 5 Sit 4

Wir können *ever* und *never* zusammen mit dem *present perfect* verwenden. Dabei steht *ever* oft in Fragen.

ever bedeutet „jemals" und *never* bedeutet „nie". Diese **Adverbien der unbestimmten Zeit** stehen zusammen mit dem *present perfect*.

The present perfect with 'ever' and 'never'

Have you **ever been** to Brighton? ~ Yes, two or three times.
Has this team **ever won** a game? ~ No, never.

I've never played baseball before.
My cousin **has never had** a pet.

19 Present perfect oder simple past?

Go 6 Unit 5 Sit 3

Beide Zeitformen werden verwendet, um über die Vergangenheit zu sprechen. Sie sind jedoch **nicht** (wie oft im Deutschen) austauschbar.

Grandma has fallen asleep (*present perfect*) sagt uns, **dass** (nicht wann) sie schläft/eingeschlafen ist.

She fell asleep ten minutes ago (*simple past*) sagt uns, **wann** sie eingeschlafen ist.

Mit der Frage *Have you bought a new CD?* (*present perfect*) möchte Ricky wissen, **ob** (nicht wann) Ralfi eine neue CD gekauft hat.

Mit der Frage *When did you buy it?* (*simple past*) möchte Ricky wissen, **wann** Ralfi die CD gekauft hat.

Present perfect or simple past?

Grandma **has fallen** asleep.
She **fell** asleep ten minutes ago.

MERKE:

Wir drücken mit dem *present perfect* aus, **dass** oder **ob** etwas geschehen ist.
Häufige Zeitangaben sind: *already, just, yet, ever, never.*

Wir drücken mit dem *simple past* aus, **wann** etwas geschehen ist.
Häufige Zeitangaben sind: *yesterday, last Thursday, two hours ago, in 1999, when?*

20 Das past progressive
Go 6 Unit 6 Sit 1

The past progressive

a Verwendung

Wir verwenden das *past progressive*, um auszudrücken, was **zu einem bestimmten Zeitpunkt in der Vergangenheit** gerade geschah.

Use

*At twenty past four Ralfi **was playing** basketball. His friends **were watching**.*

MERKE:

Vergleiche das *present progressive* und das *past progressive*.

Present progressive:
*Ralfi **is** play**ing** basketball at the moment.*
(jetzt gerade, in diesem Moment)

Past progressive:
*Ralfi **was** play**ing** basketball at twenty past four.*
(um zwanzig nach vier, in diesem Moment in der Vergangenheit)

b Bejahte Aussagesätze

Wir bilden das *past progressive* mit *was* oder *were* und der *-ing*-Form des Verbs.

Positive statements

I **was** watch**ing** TV at eight.
You **were** wait**ing** at the bus-stop.
The dog **was** ly**ing** on the path.
We **were** swimm**ing** in the sea.
The boys **were** eating crisps.

c Verneinte Aussagesätze

Verneinte Aussagesätze im *past progressive* bilden wir mit *was not/wasn't* oder *were not/weren't* und der *-ing*-Form des Verbs.

Negative statements

The machine **was not** work**ing**.
I **wasn't** watch**ing** Baywatch.
They **weren't** listen**ing** to the teacher.

d Fragen und Kurzantworten

Bei Fragen stellen wir *was* oder *were* vor das Subjekt.

Fragewörter (z.B. *what*) stehen ganz am Anfang des Fragesatzes.

Questions and short answers

Was Ben help**ing** you? ~ Yes, he was.
Were your friends laugh**ing** at you? ~ No, of course they weren't.

What were you do**ing**? ~ I was sending an e-mail.

21 Das future mit „going to"

Go 6 Unit 3 Sit 1

The future with 'going to'

a Verwendung

Use

Wir verwenden das *future* mit *going to*, um auszudrücken,

- dass jemand etwas **vor hat** oder **plant**.
- dass etwas **bald geschehen wird**, weil es schon Anzeichen dafür gibt.

Ricky **is going to** take a photo.
Ricky hat vor, eine Aufnahme zu machen.
Ralfi **is going to** fall in the water!
Ralfi fällt gleich ins Wasser.

b Bejahte Aussagesätze

In bejahten Aussagesätzen verwenden wir *am/are/is going to* + Grundform.

Positive statements

I'm going to make a cake now.
You**'re going to** move, your mum says.
Sophie **is going to** buy a magazine.
We**'re going to** see our relatives tomorrow.
The girls **are going to** play mini-golf.

MERKE:

Diese Formen bitte nicht verwechseln.

Present progressive von *go*	*Future* mit *going to*
*We**'re going to** the swimming-pool.*	*We**'re going to** swim in the pool.*
Wir gehen (gerade) ins Schwimmbad.	Wir haben vor, im Schwimmbad zu schwimmen.

c Verneinte Aussagesätze

In verneinten Aussagesätzen verwenden wir *am not/aren't/isn't going to* + Grundform.

Negative statements

I'm not going to eat all this.
You **aren't going to** need an umbrella.
Our team **isn't going to** win.
We **aren't going to** be very late.
My parents **aren't going to** like the idea.

d Fragen und Kurzantworten

Bei Fragen stehen *am/are/is* am Satzanfang vor dem Subjekt.

Questions and short answers

Are you **going to** finish your homework? ~ Yes, **I am**.
Is it **going to** rain? ~ Yes, **it is**.
Are we **going to** phone Liz? ~ No, **we aren't**. Not today.
Are the others **going to** walk? ~ Yes, **they are**.

Fragewörter stehen am Satzanfang.

What are you **going to** do at the weekend?
When are you **going to** feed the cat?

Wenn *who* und *what* nach dem Subjekt fragen, ist die Satzstellung wie im Aussagesatz.

Who is going to carry these books for me?
What is going to happen later today?

22 Das future mit „will"

Go 6 Unit 5 Sit 1-2

The future with 'will'

a Verwendung

Das *future* mit *will* verwenden wir,

- wenn wir sagen, **was in Zukunft geschehen wird**. Oft geht es um Dinge, die wir nicht beeinflussen können.
- wenn wir **gerade**, während des Sprechens, eine **Entscheidung treffen**. *I'll carry that bag.* = Ich trage diese Tasche.

Use

The next bus **will** be here in two minutes.
Der nächste Bus wird in zwei Minuten hier sein.

b Bejahte Aussagesätze

Wir bilden das *will-future* mit *will* und der Grundform des Verbs. Alle Personen haben dieselbe Form. Die Kurzform von *will* ist *'ll*.

Positive statements

I think Germany **will** win the game.
The next test **will** be more difficult.
We**'ll** see you tomorrow.
My mum **will** help me with the homework.

MERKE:

Will im Englischen ist nicht dasselbe wie „will" im Deutschen.

The teacher ***will*** *be late.*
Der Lehrer wird spät kommen.

The teacher ***wants*** *to see you.*
Der Lehrer will dich sehen.

c Verneinte Aussagesätze

Verneinte Aussagesätze werden mit *will not/won't* und der Grundform des Verbs gebildet.

Negative statements

This train **will not** stop at Covent Garden.
They **won't** finish the game today.
I **won't** be ready before seven.

d Fragen und Kurzantworten

Bei Fragen steht *will* vor dem Subjekt. Kurzantworten bildet man mit *will* oder *won't*.

Bei Fragen mit Fragewörtern stehen diese am Satzanfang.

Questions and short answers

Will you be here tomorrow? ~ Yes, I **will**.
Will Ravi be at the club tonight? ~ No, he **won't**. He's got a lot of homework.

Where will you go? ~ Disney World, I hope.
When will the letter arrive? ~ Monday or Tuesday.

23 Übersicht der Zeitformen — Summary of tenses

THE SIMPLE PRESENT
(*I walk*)

■ was wiederholt passiert	I **play** tennis every week.
■ Dinge, die sich nicht verändern	We **live** in a flat.
■ was man denkt und fühlt	I **think** it's great.

THE PRESENT PROGRESSIVE
(*I am walking*)

■ was gerade jetzt passiert	**I'm playing** this game.

THE SIMPLE PAST
(*I walked*)

■ was in der Vergangenheit passierte	We **played** cards yesterday.

THE PRESENT PERFECT
(*I have walked*)

■ was jetzt passiert ist (ohne Angabe des Zeitpunkts)	**I've** just **finished** my homework.
■ oft ist ein Ergebnis festzustellen	

THE PAST PROGRESSIVE
(*I was walking*)

■ was zu einem bestimmten Zeitpunkt gerade geschah	I **was waiting** for the bus at half past three.

THE FUTURE WITH 'GOING TO'
(*I am going to walk*)

■ was man vorhat	We**'re going to play** cards after tea.
■ was bald geschehen wird, weil es schon Anzeichen dafür gibt	It**'s going to rain**, look.

THE FUTURE WITH 'WILL'
(*I will walk*)

■ was in Zukunft geschehen wird, ohne dass wir es beeinflussen können	The test **will be** on Thursday.
■ wenn man sich spontan entscheidet	OK, **I'll come** with you.

24 Fähigkeit: „can"

Go 5 Unit 1 Sit 8

Ability: 'can'

a Verwendung

Mit dem Hilfsverb *can* drücken wir aus, dass jemand etwas tun kann (**Fähigkeit**).

Die Wortstellung ist anders als im Deutschen. Das Verb steht nach *can* (z.B. *can play*).

Use

I **can** sing.
My sister **can** drive a car.

You **can** play the guitar.
Du kannst Gitarre spielen.

MERKE:

Im Deutschen fehlt manchmal das Verb. Im Englischen aber geht das nicht.

Wir können Englisch. *We can **speak** English.*

b Bejahte Aussagesätze

Alle Personen haben die gleiche Form: *can*. Es gibt kein *-s* bei *he*, *she*, *it*. Auf *can* folgt die Grundform des Verbs.

Positive statements

I **can** swim.
You **can** do this.
He **can** play the piano.
My friend **can** do maths.
We **can** sing the song.

c Verneinte Aussagesätze

Die verneinte Form von *can* heißt *can't* (Langform: *cannot*). Auch hier lautet die Form für alle Personen gleich.

Negative sentences

I **can't** read this.
Ralfi **can't** see the board.
We **can't** play the piano.
They **cannot** find the dog.

d Fragen mit „can"

Bei Fragen mit *can* vertauschen wir einfach Subjekt und *can*.

Questions with 'can'

They **can** swim.

Can they swim?

e Kurzantworten

Bei Kurzantworten verwenden wir *can* oder *can't*. Die Grundform (z.B. *see, fly*) fällt weg.

Short answers

Can you see? ~ Yes, I **can**.
Can Ricky fly? ~ Yes, he **can**.
Can she play the guitar? ~ No, she **can't**.
Can the girls speak German? ~ No, they **can't**.

f Fragen mit Fragewörtern

Fragewörter stehen wie im Deutschen am Satzanfang.

Questions with question words

Where can we play? ~ In the park.
How can I get there? ~ On your bike.

25 Notwendigkeit: „must"

Go 5 Unit 6 Sit 1

Mit dem Hilfsverb *must* können wir ausdrücken, dass etwas **notwendig** ist oder gemacht werden muss.

Alle Personen haben die gleiche Form: *must*. Auf *must* folgt immer die Grundform des Verbs.

Necessity: 'must'

I **must** post this letter.
You **must** hurry up.
He **must** finish his homework.
Kirsty **must** wait for us.
We **must** be careful.
They **must** ask the teacher.

26 Erlaubnis: „may" und „can"

Go 5 Unit 7 Sit 5

Wenn wir um **Erlaubnis** bitten, verwenden wir *May I/Can I … ?* (Darf ich/Kann ich … ?) oder *May we/Can we … ?* (Dürfen wir/Können wir … ?)

may ist höflicher als *can*.

Permission: 'may' and 'can'

May I use your telephone? ~ Sure, go ahead.
May we see the letter, please? ~ Yes, all right.
Can I listen to your CD, please?~ Yes, OK.
Can we go in the garden? ~ Yes, of course.

27 Die Mehrzahl der Nomen

Go 5 Unit 3 Sit 3

The plural of nouns

a Regelmäßiger Plural

Um die Mehrzahl zu bilden, hängt man an das Nomen ein *-s* an.

Regular plurals

a book	two books
this camera	these cameras
my uncle	my uncles

b Aussprache

Die Aussprache richtet sich nach dem letzten Laut des Wortes in der Einzahl:

- nach den stimmlosen Konsonanten [p], [t], [k], [f] und [θ] folgt ein [s].
- nach den stimmhaften Konsonanten [b], [d], [g], [l], [m], [n], [ŋ] und [v] und nach Vokalen folgt ein [z].
- Nach den Zischlauten [s], [z], [ʃ], [ʒ], [ʃ] und [dʒ] hängen wir *-es* [ɪz] an.

Das ist wie im *simple present* (vgl. S. 15).

Houses is pronounced ['haʊzɪz].

Pronunciation

one **racket** [-t]	four **rackets** [-ts]
a **fan** [-n]	some **fans** [-nz]
the **car** [-ɑː]	the **cars** [-ɑːz]
her **dress** [-s]	their **dresses** [-sɪz]
the **bush** [-ʃ]	the **bushes** [-ʃɪz]
a **watch** [-tʒ]	two **watches** [-tʒɪz]
a **sandwich** [-dʒ]	our **sandwiches** [-dʒɪz]
one **house** [haʊs]	two **houses** ['haʊzɪz]

c Schreibweise

Endet das Nomen auf einem Konsonanten + *-e*, so folgt nur noch ein *-s*.

Nach einem Konsonanten wird *-y* zu *-ie* + *s*.

Nach einem Vokal bleibt das *-y* jedoch erhalten.

Spelling

the **fence**	the **fences**
a **game**	two **games**
that **exercise**	those **exercises**
the **family**	the **families**
a **company**	two **companies**
a **boy**	some **boys**
one **day**	five **days**

d Unregelmäßiger Plural

Im Englischen gibt es auch einige Pluralformen, die anders gebildet werden. Dies sind die wichtigsten:

Irregular plural

that man [mæn]	those **men** [men]
a woman ['wʊmən]	some **women** ['wɪmɪn]
his child [tʃaɪld]	his **children** ['tʃɪldrən]
a mouse [maʊs]	some **mice** [maɪs]
one person ['pɜːsn]	six **people** ['piːpl] *Leute*
a penny ['peni]	twenty **pence** [pens]
one foot [fʊt]	two **feet** [fiːt]

28 Der s-Genitiv
Go 5 Unit 6 Sit 2

The possessive form

Mit dem *s*-Genitiv drücken wir aus, dass etwas **zu jemandem gehört**.

Sophie**'s** letter is on the table.
Mum is doing the dog**'s** tea.

Wir verwenden ihn, wenn das erste Nomen eine Person (*Sophie*) oder ein Tier (*the dog*) ist.

Singular
(*sister*, *Smith*)

This is my sister**'s** room.
They're going in Mr Smith**'s** car.

Plural
(*pupils*, *Dillons*)

The pupil**s'** bags are in the classroom.
Where is the Dillon**s'** house?

Plural ohne -*s*
(*children*, *people*)

Who is the children**'s** favourite teacher?
I sometimes forget people**'s** names.

Endet das Substantiv auf -*s*, kommt nur noch ein Apostroph. Aber wenn kein -*s* am Ende steht, hängen wir *'s* an.

MERKE:

's kann auch die Kurzform von *is* sein.

That's my sister's room.
(*That is*) (*s*-Genitiv)

29 Die of-Fügung
Go 5 Unit 6 Sit 2

The of-phrase

Wenn zwei Sachen (*back*, *room*) zusammengehören, verwenden wir die *of*-Fügung.

I always sit at **the back of the room**.
What's **the name of this street**?

30 Die Artikel

Go 5 Unit 6 Sit 4

The articles

a Unbestimmter Artikel

Der unbestimmte Artikel (ein, eine) heißt im Englischen *a* oder *an*.

Wir benutzen

- *a* [ə], wenn das folgende Wort mit einem Konsonanten beginnt.
- *an* [ən], wenn das folgende Wort mit einem Vokal beginnt.

Indefinite article

Would you like **a** doughnut or **an** ice-cream?

a letter
a car

an evening
an idea

a shirt
a nice apple

an apple
an old shirt

a cowboy

an Inuit

b Bestimmter Artikel

Der bestimmte Artikel (der, die, das) heißt im Englischen *the*.

Er wird

- [ðə] gesprochen, wenn das folgende Wort mit einem Konsonantenlaut beginnt.
- [ði] gesprochen, wenn das folgende Wort mit einem Vokallaut beginnt.

MERKE:

Form und Aussprache des Artikels hängen immer von der Aussprache des folgenden Wortes ab, nicht von der Schreibung.

Wir verwenden *a/the* [ðə] vor *unit*, weil wir es am Anfang mit einem Konsonanten [j] sprechen.

Wir verwenden *an/the* [ði] vor *hour*, weil es mit einem Vokal beginnt, denn das *h-* wird nicht gesprochen.

Definite article

I'm eating **the** doughnut, but I don't want **the** ice-cream.

the letter
the car
[ðə]

the evening
the idea
[ði]

the shirt
the nice apple
[ðə]

the apple
the old shirt
[ði]

a unit

the unit [ðə 'ju:nɪt]

an hour

the hour [ði 'aʊə]

31 Zählbare und nicht zählbare Nomen

Go 5 Unit 4 Sit 3

Countable and uncountable nouns

a Zählbare Nomen

Die meisten Nomen (Substantive) bezeichnen Personen oder Dinge, die man **zählen kann** (ein Baum, zwei Bäume).

Wir verwenden *a/an* mit einem Nomen im Singular (Einzahl): *a tree* = ein Baum.

Wenn wir im Plural (Mehrzahl) keine genaue Menge angeben wollen, so verwenden wir *some*: *some trees* = ein paar/einige Bäume.

Countable nouns

a tree

some trees

a bus

some buses

b Nicht zählbare Nomen

Einige Nomen sind nicht zählbar. Sie bezeichnen Dinge, die man **nicht** zählen kann (Milch, Arbeit, Geld, …).

Wir verwenden *some* mit einem nicht zählbaren Nomen, um eine unbestimmte Menge zu bezeichnen: *some milk* = (etwas/ein bisschen) Milch.

some vor nicht zählbaren Nomen wird im Deutschen oft nicht übersetzt.

Man kann nicht zählbare Nomen nie mit *a/an* oder in der Mehrzahl verwenden. Also nicht ~~*a milk*~~ oder ~~*milks*~~.

> **MERKE:**
>
> *My homework* =
> meine Hausaufgabe *oder* meine Hausaufgaben

Uncountable nouns

Would you like **some** milk?
I'm doing **some** work.
We need **some** money.

32 „some" und „any"
Go 6 Unit 4 Sit 4

'some' and 'any'

a Verwendung

Wir verwenden *some* und *any* zusammen mit Substantiven, um über eine **unbestimmte Menge oder Zahl** zu sprechen.

Wir verwenden *some* und *any* mit Nomen im Plural (*girls*, *boys*) und mit nicht zählbaren Nomen (*coffee, milk*).

Use

Ricky is having **some** sausages for breakfast but she hasn't got **any** cornflakes. She has got **some** coffee to drink but she hasn't got **any** milk.

b Bejahte Aussagesätze

Positive statements

In bejahten Aussagesätzen verwenden wir *some*.

Vor Nomen im Plural hat *some* meistens die Bedeutung „einige, ein paar" (*some posters*).

I'm going to put **some** posters on the wall.
Ich werde ein paar Poster an die Wand hängen.

Bei nicht zählbaren Nomen hat *some* oft keine Entsprechung im Deutschen. Es bedeutet „ein bisschen, etwas" (*some sugar*).

There's **some** sugar on the table.
Da ist (etwas) Zucker auf dem Tisch.

some kann auch alleine, anstelle eines vorher erwähnten Nomens (*food*), stehen.

Where's Rusty's food? I want to give him **some**.
Wo ist Rustys Futter? Ich möchte ihm etwas geben.

c Verneinte Aussagesätze und Fragen

Negative statements and questions

any steht vor allem

- in verneinten Aussagesätzen
- und in Fragen.

I haven't written **any** postcards.
Ich habe keine Postkarten geschrieben.

Have you got **any** candles?
Hast du Kerzen?

Es hat meist keine Entsprechung im Deutschen.

Auch *any* kann alleine stehen, wenn ein Nomen (*money*) vorher erwähnt wurde.

some wird jedoch in Fragen gebraucht, wenn man um etwas **bittet** oder etwas **anbietet**.

Would you like **some** yoghurt? ~ Yes, please.

33 „a lot of/lots of", „many" und „much"

Go 6 Unit 7 Sit 2

'a lot of/lots of', 'many' and 'much'

a Verwendung

a lot of/*lots of*, *many* und *much* drücken aus, dass etwas **in großer Menge** oder **Anzahl** vorhanden ist.

Use

There are **a lot of** pupils at Brookfield School.
Have you got **many** CDs?
I don't eat **much** salad.

b Bejahte Aussagesätze

Wir verwenden *a lot of*/*lots of* eher in Aussagesätzen sowohl zusammen mit einem

- Nomen im Plural (*people*, *presents*)
- als auch mit einem nicht zählbaren Nomen (*sugar*, *food*).

Positive statements

There were **a lot of** people in the shopping centre.
We get **lots of** presents at Christmas.

You put **a lot of** sugar in your tea.
Big dogs need **lots of** food.

c Verneinte Aussagesätze und Fragen

In verneinten Aussagesätzen und in Fragen steht normalerweise

- *many* zusammen mit Nomen im Plural
- *much* bei nicht zählbaren Nomen

Nach *too* und *so* werden *much* bzw. *many* auch in Aussagesätzen gebraucht.

Negative statements and questions

We haven't answered **many** questions.
Do you get **many** e-mails?

There isn't **much** cheese in this sandwich.
How **much** milk do we need?

You're making **too much** noise.
I've never seen **so many** people in the park.

34 Personalpronomen (Subjektformen)

Go 5 Unit 1 Sit 1-2

Personalpronomen sind Wörter, die **für** Personen, Sachen und Tiere stehen. Sie heißen daher auch **Fürwörter**.

you are =	du bist ihr seid Sie sind

Personal pronouns (subject forms)

I'm fine, thanks.	*I* = ich
Have **you** got a sister?	*you* = du, Sie
He is my friend.	*he* = er
How old is **she**?	*she* = sie
It's the number five bus.	*it* = es
We like birthdays.	*we* = wir
Come here, **you** two.	*you* = ihr, Sie
They are my friends.	*they* = sie

MERKE:

I wird immer großgeschrieben, selbst wenn es nicht am Satzanfang steht.

*Am **I** late?*

Im Englischen verwenden wir für eine Sache immer *it*. Im Deutschen kannst du manchmal „er“ oder „sie“ verwenden.

Where's my pencil? ~ **It**'s here.
Wo ist mein Bleistift? ~ Er ist hier.
The colour is OK. ~ Yes, it's nice.
Die Farbe ist OK. ~ Ja, sie ist schön.

35 Personalpronomen (Objektformen)

Go 5 Unit 2 Sit 5

Die **Subjektformen** der Personalpronomen heißen *I*, *you*, *he*, *she*, *it*, *we*, *you*, *they*. Wir verwenden sie als Subjekt. Siehe **34**.

Die **Objektformen** sind *me*, *you*, *him*, *her*, *it*, *us*, *you*, *them*. Sie stehen nach dem Verb oder nach *for*, *with*, *of*, *to* usw.

SUBJEKTFORM		OBJEKTFORM
We	*know*	*him.*
She	*can't find*	*them.*
You	*can come with*	*me.*

Personal pronouns (object forms)

SUBJECT FORMS	OBJECT FORMS
I like tennis.	Look. Watch **me**. *Schau her./Sieh mir zu.*
Can **you** play?	This book is for **you**. *Dieses Buch ist für dich.*
He's on time.	I can see **him**. *Ich kann ihn sehen.*
She's lucky.	Let's ask **her**. *Lass uns sie fragen.*
It's Tuesday.	I've got **it**. *Ich habe es.*
Where are **we**?	Come with **us**. *Komm mit uns.*
You're late.	Here's a photo of **you**. *Hier ist ein Foto von dir.*
They can swim.	Can you find **them**? *Kannst du sie finden?*

Es gibt im Englischen für jede Person nur eine Objektform.

me	mich, mir
you	dich, dir, Sie, Ihnen
him	ihn, ihm
her	sie, ihr
it	es, ihm
us	uns
you	euch, Sie, Ihnen
them	sie, ihnen

I can see **him.**	*Ich sehe **ihn**.*
Give **him** the money.	*Gib **ihm** das Geld.*
Do you know **her**?	*Kennst du **sie**?*
We can help **her**.	*Wir können **ihr** helfen.*
This is for **you**.	*Das ist für **dich/euch/Sie**.*
I can go with **you**.	*Ich kann mit **dir/euch/Ihnen** gehen.*

36 Die Possessivbegleiter

Go 5 Unit 3 Sit 1

Die Possessivbegleiter sind *my*, *your*, *his*, *her*, *its*, *our*, *your*, *their*. Sie zeigen dir, **wem etwas gehört**.

Sie stehen immer vor einem Nomen (Substantiv), z.B. ***my** football*.

MERKE:

Diese Wörter nicht verwechseln.

***you're** OK*	du bist OK
***your** pen*	dein Stift
***he's** twelve*	er ist zwölf
***his** birthday*	sein Geburtstag
***it's** nice*	es ist schön
***its** cage*	sein/ihr Käfig
***they're** happy*	sie sind froh
***their** party*	ihre Party

Possessive adjectives

my book	*mein Buch*
your brother	*dein/Ihr Bruder*
his bag	*seine Tasche*
her uniform	*ihre Uniform*
its hutch	*sein/ihr Kaninchenstall*
our house	*unser Haus*
your names	*eure/Ihre Namen*
their television	*ihr Fernsehen*

Ricky is on **her** new inline skates.

37 Die Possessivpronomen

Go 6 Unit 3 Sit 2-3

Die Possessiv**begleiter** sind *my*, *your*, *his*, *her*, *its*, *our*, *your*, *their*. Sie stehen **vor einem Nomen**. Siehe **36**.

Die Possessiv**pronomen** sind *mine*, *yours*, *his*, *hers*, *ours*, *yours*, *theirs*. Sie stehen allein, d.h. **ohne Nomen**. Wir verwenden sie, wenn wir ein Nomen, das bereits erwähnt wurde, nicht wiederholen wollen.

POSSESSIV-BEGLEITER	POSSESSIV PRONOMEN	
my chair	**mine**	*meine(r,s)*
your project	**yours**	*deine(r,s)* *Ihre(r,s)*
his letter	**his**	*seine(r,s)*
her room	**hers**	*ihre(r,s)*
its home	—	
our class	**ours**	*unsere(r,s)*
your cat	**yours**	*eure(r,s)* *Ihre(r,s)*
their garden	**theirs**	*ihre(r,s)*

Possessive pronouns

Is this **my** pencil?
You haven't got **your** camera.
Adam didn't do **his** homework.

Is this your pencil or **mine**?
I've got my camera, but you haven't got **yours**.
The homework was difficult. Adam didn't do **his**.
Jessica is using my computer because **hers** is broken.
Your house is old, but **ours** is new.
Our car isn't very big. Let's go in **yours**.
The girls have all got their bikes with them, but the boys haven't got **theirs**.

38 this, that – these, those

Go 5 Unit 3 Sit 2

this/*that* verwenden wir, wenn wir von **einer** Person oder Sache sprechen.

Mit *this* weisen wir auf etwas hin, das **in der Nähe** ist (*here*).

Mit *that* weisen wir auf etwas hin, das **weiter entfernt** ist (*there*).

these/*those* verwenden wir, wenn wir von **mehreren** Personen oder Sachen sprechen.

Mit *these* weisen wir auf Dinge hin, die **in der Nähe** sind (*here*).

Mit *those* weisen wir auf Dinge hin, die **weiter entfernt** sind (*there*).

this, that – these, those

This is my room. ~ Oh, it's nice.
Look at **this** photo here.

That's our swing, out in the garden. ~ Oh, yes, I can see it.
That woman over there is my maths teacher.

These here are my favourite CDs.
These sandwiches are nice.

Do you know **those** boys there?
Look at **those** dogs in the road.

39 Steigerung und Vergleich von Adjektiven

Go 6 Unit 1 Sit 2-5

The comparison of adjectives

a Was ist die Steigerung?

Wenn wir zwei oder mehrere Personen oder Dinge vergleichen, verwenden wir die Steigerung, z.B. *old*, *older*, *oldest*.

What is comparison?

Ben is twelve years **old**.
Anita is **older**. She's fifteen.
Daniel is the **oldest**. He's seventeen.

b Steigerung kurzer und langer Adjektive

Es gibt zwei Arten der Steigerung: die mit *-er/-est* (*hard*, *harder*, *hardest*) und die mit *more/most (important)*.

Wie ein Adjektiv gesteigert wird, hängt von seiner **Länge** ab. Kurze Adjektive werden mit *-er/-est* gesteigert und lange Adjektive mit *more/most*.

MERKE:

Kurzes Adjektiv

hard	*hard**er***	*hard**est***

Langes Adjektiv

difficult	***more** difficult*	***most** difficult*

Comparison of short and long adjectives

Ricky is doing her homework. The first question is **hard**. Ricky is finding it **difficult**.
The second question is **harder**. Ricky thinks it's **more difficult** than the first.
The third question is the **hardest**. She thinks it must be the **most difficult** question in the book.

c Steigerung mit „-er/-est"

Alle kurzen, einsilbigen Adjektive steigern wir, indem wir die Endung *-er/-est* anhängen.

Beachte die Schreibweise:

- stummes *-e* entfällt
- Verdoppelung des Endkonsonanten, wenn der vorangehende Vokal als ein Buchstabe geschrieben wird und betont ist

Beachte die Aussprache bei Adjektiven auf *-ng*!

Bei zweisilbigen Adjektiven, die auf *-y* enden, hängen wir ebenfalls die Endung *-er/-est* an. Dabei wird *-y* zu *-i-*.

Comparison with '-er/-est'

POSITIVE	COMPARATIVE	SUPERLATIVE
old	old**er**	old**est**
high	high**er**	high**est**
late	lat**er**	lat**est**
big	big**ger**	big**gest**
long [lɒŋ]	longer ['lɒŋgə]	longest ['lɒŋgɪst]
luck**y**	luck**ier**	luck**iest**
sill**y**	sill**ier**	sill**iest**
funn**y**	funn**ier**	funn**iest**

d Steigerung mit „more/most"

Die meisten anderen zweisilbigen Adjektive steigern wir mit *more/most*.

Drei- und mehrsilbige Adjektive werden immer mit *more/most* gesteigert.

Comparison with 'more/most'

famous	**more** famous	**most** famous
awful	**more** awful	**most** awful
hopeless	**more** hopeless	**most** hopeless
popular	**more** popular	**most** popular
beautiful	**more** beautiful	**most** beautiful

e Unregelmäßige Steigerung

Einige Adjektive haben unregelmäßige Steigerungsformen.

Irregular comparison

good *gut*	better *besser*	best *am besten*
bad *schlecht*	worse *schlechter*	worst *am schlechtesten*
far *weit*	further *weiter*	furthest *am weitesten*
much/many *viel/viele*	more *mehr*	most *am meisten*

I like maths. It's my **best** subject.
The weather is awful. It's **worse** than yesterday.
How much **further** is it to the airport?
You've got the **most** money.

f Vergleich

Bei Vergleichen mit einem Komparativ benutzen wir *than* (als). Folgt auf das *than* nur noch ein Pronomen, so steht dieses in der Objektform (*me/you/him/her/us/them*).

Comparison

Saturday was **colder than** Sunday.
A hotel is **more expensive than** a caravan.
Those boys are older **than us**.

Vergleichssätze mit einem Adjektiv in der Grundstufe (Positiv) bilden wir mit *as … as* (so … wie), um auszudrücken, dass etwas gleich ist.

The tree is **as high as** the house.

Wir verwenden *not as … as* (nicht so … wie), wenn etwas nicht gleich ist.

Yoghurt is**n't as nice as** ice-cream.
You are**n't as hungry as** your brother.
French is**n't as interesting as** music.

Normalerweise steht *the* vor dem Superlativ. Beachte aber: ***most** people* = die meisten Leute

Today is **the longest** day of the year.
Boyzone are **the most popular** band.

40 Adverbien der Art und Weise

Go 6 Unit 6 Sit 2-3

Adverbs of manner

a Verwendung

Adverbien der Art und Weise drücken aus, wie etwas geschieht, z.B. dass jemand gefährlich geflogen ist.

Adjektive geben an,

- wie eine Person oder Sache **ist**. Sie beziehen sich auf ein Substantiv oder Pronomen (*ravens*, *argument*).

Adverbien der Art und Weise (*adverbs of manner*) geben an,

- wie jemand etwas **tut**. Sie beziehen sich daher oft auf ein Verb (*shouting*, *talking*).

Use

There's been an accident. One of the ravens was flying **dangerously**.

ADJECTIVE

The two ravens are **angry**.
Die zwei Raben sind verärgert.
It's an **angry** argument.
Es ist ein schlimmer Streit.

ADVERB

The two ravens are shouting **angrily**.
Die zwei Raben schreien wütend.
Why aren't they talking about it **politely**?
Warum sprechen sie nicht höflich darüber?

b Die Bildung von Adverbien aus Adjektiven

Die meisten Adverbien sind von Adjektiven abgeleitet. Wir bilden sie, indem wir *-ly* an das Adjektiv anhängen.

Beachte Stummes *-e* entfällt bei der Bildung von Adverbien **nicht**. (*nice* → *nicely*).

Besonderheiten bei der Schreibung der Adverbien:

- *-le* fällt vor *-ly* weg.
- *-y* wird vor *-ly* zu *-i-*.
- Bei Adjektiven auf *-ic* hängen wir *-ally* an. Ausnahme: *public* → *publicly*

The formation of adverbs from adjectives

ADJECTIVE	ADVERB
quiet	quiet**ly**
stupid	stupid**ly**
nice	nice**ly**
strange	strange**ly**
terrib**le**	terrib**ly**
hungr**y**	hungr**ily**
fantast**ic**	fantastic**ally**

c Sonderformen

- *good* bildet die Adverbform *well*.

Beachte *well* kann auch ein Adjektiv sein und bedeutet dann „gesund".

Special forms

My friend is a really **good** singer. She can sing really **well**.
Meine Freundin ist eine gute Sängerin. Sie kann sehr gut singen.

How are you? ~ I don't feel **well**.
Wie geht es dir? ~ Ich fühle mich nicht wohl.

d

Adverbien, die die gleiche Form wie Adjektive haben

Einige Adverbien haben die gleiche Form wie Adjektive. Diese sind:

far	weit
fast	schnell
free	frei, kostenlos
hard	hart, schwer
high	hoch
late	spät
left	links
long	lang
near	nahe
right	richtig, rechts
straight ahead	geradeaus
wrong	falsch

Adverbs with the same form as adjectives

ADJECTIVE	ADVERB
It was a **fast** train.	It went very **fast**.
That's the **wrong** answer.	You've done it **wrong**.
We had **free** tickets.	We got into the concert **free**.

She has won a million pounds. She did everything **right**. She answered all the questions **correctly**.

41

Häufigkeitsadverbien

Go 5 Unit 5 Sit 2

Adverbien der Häufigkeit sind *always*, *usually*, *often*, *sometimes*, *never*. Sie geben an, **wie oft** etwas geschieht. Sie stehen deshalb oft zusammen mit dem *simple present*.

Sie stehen meistens

- vor einem Vollverb (*feeds*, *play*)
- nach dem ersten Hilfsverb oder dem Modalverb (*doesn't*, *can*)
- nach einer Form von *be* (*is*, *are*, *am*)

MERKE:

Achte auf die Satzstellung. Im Englischen darf das Häufigkeitsadverb nie zwischen Vollverb (*watch*) und Objekt (*a video*) stehen.

We sometimes watch a video.
Wir schauen manchmal ein Video an.

sometimes kann auch am Anfang oder am Ende eines Satzes stehen.

Adverbs of frequency

Royston		**always**	**feeds**	his hamster.
We		**sometimes**	**play**	basketball.
Sophie	**doesn't**	**often**	**eat**	hamburgers.
I	**can**	**usually**	**do**	my homework.
My dad	**is**	**usually**		home about six.
You	**are**	**never**		ready on time.

Sometimes we play basketball.
We play basketball **sometimes**.

42 Präpositionen

Präpositionen sind Wörter wie *at*, *in*, *from*, *with*, *in front of*. Sie stehen gewöhnlich vor einem Nomen oder einem Pronomen.

Prepositions

I'm reading a book **about** Hollywood.
über Hollywood

The plane was high **above** us.
über uns ›‹ below

Suddenly a dog ran **across** the road.
über die Straße

Let's play football **after** school.
nach der Schule ›‹ before

United have got a game **against** Liverpool.
gegen Liverpool

Sophie pushed the wheelchair **along** the street.
die Straße entlang

The kids are running **around** the playground.
auf dem Spielplatz herum ›› round

Ben is **at** the bus-stop.
an der Bushaltestelle

at Oliver's house
bei Oliver

at five o'clock
um fünf Uhr

at school
in der Schule

at the moment
im Moment

I leave home **before** eight o'clock.
vor acht Uhr ›‹ after

There's someone **behind** us.
hinter uns ›‹ in front of

From the plane we saw the sea far **below** us.
unter uns ›‹ above

Ravi was sitting **between** two girls.
zwischen zwei Mädchen

Let's sit **by** the window.
am Fenster

They walked **down** the hill to the bottom.
den Hügel hinunter ›‹ up

Here's a present **for** you.
für dich

I come **from** Germany.
aus Deutschland ›‹ to

The sweater is **in** the wardrobe.
im Kleiderschrank

along the path

through the gate

across the street

up the mountain
above the clouds

down the mountain
below the clouds

inside the house

into the house

outside the house

There's a tree **in front of** the hotel.
vor dem Hotel ›‹ behind

What's **inside** this box?
in dieser Schachtel ›‹ outside

A girl came **into** the room.
ins Zimmer

She looks just **like** her mother.
wie ihre Mutter

They live in a small town **near** Sheffield.
in der Nähe von Sheffield

This is Tessa's picture **of** her mum.
von ihrer Mama

I fell **off** my bike.
von meinem Fahrrad herunter ›‹ onto

Lunch is **on** the table.
auf dem Tisch

on the board
auf der Tafel
on the way
auf dem Weg
on your own
allein

on Friday
am Freitag
on 12th May
am 12ten Mai
on time
pünktlich

The cat jumped up **onto** the table.
auf den Tisch ›‹ off

The dog waited **outside** the supermarket.
vor dem Supermarkt ›‹ inside

She's got a Boyzone poster **over** her bed.
über ihrem Bett ›‹ under

They all sat **round** the table.
um den Tisch herum ›› around

I'm older **than** you.
als du

We went **through** a tunnel.
durch einen Tunnel

We're going **to** Edinburgh.
nach Edinburgh ›‹ from

a letter **to** Jack
ein Brief an Jack

go **to** work
zur Arbeit gehen

My shoes are **under** the bed.
unter dem Bett ›‹ over

near the Queen

round/around the mermaid *(Meerjungfrau)*

I've got school **until** quarter past three.
bis Viertel nach drei

We walked **up** the hill to the top.
den Hügel hinauf ✕ down

Please come **with** us.
mit uns ✕ without

Don't get on the train **without** a ticket.
ohne Fahrkarte ✕ with

43 Relativsätze
Go 6 Unit 7 Sit 3-4

Relative clauses

a Verwendung

Use

Es ist manchmal erforderlich, ein Nomen (*postman*, *dog*) näher zu erläutern, damit man weiß, von **wem** oder **was** gesprochen wird. Deshalb verwenden wir oft Relativsätze, wenn wir eine Definition geben.

Die Relativpronomen (*who*, *that*) stehen nach dem Nomen und am Anfang des Relativsatzes.

A postman is someone **who delivers letters**.
The dog **that our neighbours bought** is called Sweetie.

Relativsätze haben die normale Wortstellung **S–V–O**.

A manager is a person **who** runs a company.

Steht das Relativpronomen für das Objekt, so ist die Wortstellung **O–S–V**.

Shoes are things **that** you wear on your feet.
That's the camera **that** I'd like.

MERKE:

Im Englischen stellen wir das Verb nicht an das Ende des Relativsatzes.

A farmer is someone **who works** on the land.
Ein Landwirt ist jemand, ***der*** *auf dem Land* ***arbeitet****.*

b **Who**

Das Relativpronomen *who* steht **nur für Personen** (*a person*, *the boy*).

Who

The boy **who** won the race is my cousin.
(**He** won the race.)
Der Junge, der das Rennen gewonnen hat, ist mein Cousin.

c **That**

Das Relativpronomen *that* steht für Sachen und Tiere (*things*, *the camera*).

Es kann auch für Personen verwendet werden.

MERKE:

who ➔ Person
that ➔ Sachen oder Personen

That

The film **that** we saw was about baseball.
(We saw **the film**.)
Der Film, den wir gesehen haben, war über Baseball.

The film star **that** we saw was very beautiful.

d **Where**

Wir können auch *where* benutzen, um einen Ort näher zu bestimmen.

Where

A dining-room is a room **where** you eat.
Do you know the place **where** all the kids meet?

44 Großschreibung

Am Anfang eines Satzes verwenden wir einen Großbuchstaben.

Wir verwenden auch einen Großbuchstaben am Anfang dieser Wörter.

- Personennamen
- Ortsnamen
- Straßennamen
- Länder
- Nationalitäten
- das Wort *I* (ich)

Wochentage und Monate fangen auch mit einem Großbuchstaben an.

MERKE:

Andere Nomen haben normalerweise keinen Großbuchstaben.

My sister has got a new computer game.

Capital letters

This song is great.

Jessica **H**urst, **M**rs **P**reston
New **Y**ork, **L**eeds
Park **R**oad, **B**aker **S**treet
Wales, **B**avaria, **I**ndia
French, **E**nglish
Have **I** got my ticket?

DAYS OF THE WEEK

Monday, **T**uesday, **W**ednesday, **T**hursday, **F**riday, **S**aturday, **S**unday

MONTHS OF THE YEAR

January, **F**ebruary, **M**arch, **A**pril, **M**ay, **J**une, **J**uly, **A**ugust, **S**eptember, **O**ctober, **N**ovember, **D**ecember

45 Zahlen Numbers

Kardinalzahlen Cardinal numbers / Ordinalzahlen Ordinal numbers

Kardinalzahlen	Cardinal numbers	Ordinalzahlen	Ordinal numbers
0	zero/oh/nought		
1	one	1st	first
2	two	2nd	second
3	three	3rd	third
4	four	4th	fourth
5	five	5th	fifth
6	six	6th	sixth
7	seven	7th	seventh
8	eight	8th	eighth
9	nine	9th	ninth
10	ten	10th	tenth
11	eleven	11th	eleventh
12	twelve	12th	twelfth
13	thirteen	13th	thirteenth
14	fourteen	14th	fourteenth
15	fifteen	15th	fifteenth
16	sixteen	16th	sixteenth
17	seventeen	17th	seventeenth
18	eighteen	18th	eighteenth
19	nineteen	19th	nineteenth
20	twenty	20th	twentieth
21	twenty-one	21st	twenty-first
22	twenty-two	22nd	twenty-second
30	thirty	30th	thirtieth
40	forty	40th	fortieth
50	fifty	50th	fiftieth
60	sixty	60th	sixtieth
70	seventy	70th	seventieth
80	eighty	80th	eightieth
90	ninety	90th	ninetieth
100	a/one hundred	100th	(one) hundredth
112	a/one hundred and twelve	112th	(one) hundred and twelfth
524	five hundred and twenty-four	524th	five hundred and twenty-fourth
1000	a/one thousand	1000th	(one) thousandth

Telefonnummern Telephone numbers

(01735) 499612	oh one seven three five, four double nine six one two

Geldbeträge Money

1p	a penny / one p
65p	sixty-five pence/sixty-five p
£8.99	eight pounds ninety-nine pence/p eight (pounds) ninety-nine
£345	three hundred and forty-five pounds

Daten	Dates
19th June	the nineteenth of June
June 19th	June the nineteenth
1997	nineteen ninety-seven
2005	two thousand and five
	twenty oh five

46 The time — Die Uhrzeit

Go 5 Unit 1 Sit 5

4.00	four o'clock	
4.01	one minute past four	four oh one
4.02	two minutes past four	four oh two
4.05	five (minutes) past four	four oh five
4.10	ten (minutes) past four	four ten
4.15	quarter past four	four fifteen
4.20	twenty (minutes) past four	four twenty
4.25	twenty-five (minutes) past four	four twenty-five
4.30	half past four	four thirty
4.35	twenty-five (minutes) to five	four thirty-five
4.40	twenty (minutes) to five	four forty
4.45	quarter to five	four forty-five
4.50	ten (minutes) to five	four fifty
4.55	five (minutes) to five	four fifty-five
5.00	five o'clock	

MERKE:

Verwechlse nicht das deutsche „halb“ mit dem englischen *half past*.

Halb zehn = 9.30
Half past ten = 10.30

47 Irregular verbs — Unregelmäßige Verben

Infinitive	Simple past	Past Participle	
to be	was/were	been	sein
to become	became	become	werden
to blow	blew	blown	blasen, wehen
to bring	brought	brought	bringen
to build	built	built	bauen
to burn	burnt/burned	burnt/burned	(ver)brennen
to buy	bought	bought	kaufen
to catch	caught	caught	fangen
to come	came	come	kommen
to cost	cost	cost	kosten
to dig	dug	dug	graben
to do	did	done	tun, machen
to draw	drew	drawn	ziehen, zeichnen
to drink	drank	drunk	trinken
to drive	drove	driven	fahren
to eat	ate	eaten	essen
to fall	fell	fallen	fallen
to feed	fed	fed	füttern
to feel	felt	felt	fühlen
to find	found	found	finden
to fly	flew	flown	fliegen
to forget	forgot	forgotten	vergessen
to get	got	got	bekommen
to give	gave	given	geben
to go	went	gone	gehen
to have	had	had	haben
to hear	heard	heard	hören
to hit	hit	hit	treffen, schlagen
to hold	held	held	halten
to hurt	hurt	hurt	verletzen
to keep	kept	kept	halten, behalten
to know	knew	known	wissen, kennen
to lay	laid	laid	legen
to learn	learnt/learned	learnt/learned	lernen
to leave	left	left	verlassen
to lend	lent	lent	leihen, borgen
to let	let	let	lassen, zulassen
to lie	lay	lain	liegen
to light	lit	lit	anzünden

Infinitive	Simple past	Past Participle	
to lose	**lost**	**lost**	verlieren
to make	**made**	**made**	machen
to mean	**meant**	**meant**	bedeuten, meinen
to meet	**met**	**met**	treffen, begegnen
to pay	**paid**	**paid**	bezahlen
to put	**put**	**put**	setzen, stellen
to read [riːd]	**read** [red]	**read** [red]	lesen
to ride	**rode**	**ridden**	reiten
to ring	**rang**	**rung**	klingeln, anrufen
to run	**ran**	**run**	laufen
to say	**said**	**said**	sagen
to see	**saw**	**seen**	sehen
to sell	**sold**	**sold**	verkaufen
to send	**sent**	**sent**	schicken, senden
to show	**showed**	**shown/showed**	zeigen
to sing	**sang**	**sung**	singen
to sit	**sat**	**sat**	sitzen
to sleep	**slept**	**slept**	schlafen
to speak	**spoke**	**spoken**	sprechen
to stand	**stood**	**stood**	stehen
to steal	**stole**	**stolen**	stehlen
to swim	**swam**	**swum**	schwimmen
to take	**took**	**taken**	nehmen
to teach	**taught**	**taught**	unterrichten, lehren
to tell	**told**	**told**	erzählen
to think	**thought**	**thought**	denken, glauben
to throw	**threw**	**thrown**	werfen
to understand	**understood**	**understood**	verstehen
to wear	**wore**	**worn**	tragen
to win	**won**	**won**	gewinnen
to write	**wrote**	**written**	schreiben

adjective ['ædʒɪktɪv]	Eigenschaftswort, Adjektiv	*big, good, bad, dangerous, expensive, …*
adverb ['ædvɜːb]	Adverb	***very** big, **usually**, **quickly**, …*
adverb of frequency [ˌædvɜːb əv 'friːkwənsi]	Adverb der Häufigkeit	*always, often, never, …*
adverb of manner [ˌædvɜːb əv 'mænə]	Adverb der Art und Weise	*carefully, slowly, well, …*
article ['ɑːtɪkl]	Geschlechtswort, Artikel	*a, an, the*
auxiliary verb [ɔːgˌzɪliəri 'vɜːb]	Hilfsverb	***don't** know, **can** swim, …*
comparative [kəm'pærətɪv]	Komparativ, erste Steigerungsform	***bigger**, **better**, **more** interesting, …*
comparison of adjectives [kəmˌpærɪsn əv 'ædʒɪktɪvz]	Steigerung der Adjektive	*big – **bigger** – **biggest**; **as** big **as**, bigger **than***
conjunction [kən'dʒʌŋkʃn]	Bindewort, Konjunktion	*and, or, but, after, when, …*
consonant ['kɒnsənənt]	Mitlaut, Konsonant	*b, c, d, f, g, k, …*
future with *going to* ['fjuːtʃə]	Futur mit *going to*	***I'm going to leave** now.*
future with *will* ['fjuːtʃə]	Futur mit *will*	***I will come** tomorrow.*
imperative [ɪm'perətɪv]	Befehlsform, Imperativ	*Now **listen**. **Don't talk** to your neighbour.*
infinitive [ɪn'fɪnətɪv]	Grundform, Infinitiv	*to go, to see, to eat, to run, to work,…*
***ing*-form** ['ɪŋfɔːm]	-*ing*-Form	*singing, dancing, sitting, …*
irregular verb [ɪˌregjʊlə 'vɜːb]	unregelmäßiges Verb	*do – **did** – **done**, buy – **bought** – **bought**, …*
long form ['lɒŋ fɔːm]	Langform	*He **is** reading. She **does not** work.*
main verb [ˌmeɪn 'vɜːb]	Vollverb	*work, dance, read, write, play, …*
modal auxiliary [ˌməʊdl ɔːg'zɪliəri]	Modalverb	*can, must, …*
negative statement [ˌnegətɪv 'steɪtmənt]	verneinter Aussagesatz	*Emily does**n't** like tennis.*
noun [naʊn]	Namenwort, Nomen, Substantiv	*house, book, tea, plan, idea, …*
object ['ɒbdʒɪkt]	Satzergänzung, Objekt	*She likes **pop music**.*
***of*-phrase** ['ɒvfreɪz]	Fügung mit *of*	*the name **of** the game*
past progressive [ˌpɑːst prə'gresɪv]	Verlaufsform der Vergangenheit	*She **was reading**. We **were watching** TV.*
personal pronoun [ˌpɜːsənl 'prəʊnaʊn]	persönliches Fürwort, Personalpronomen	*I, you, she, … , me, us, them, …*
plural ['plʊərəl]	Mehrzahl, Plural	***books**, **letters**, **dogs**, wo**men**, child**ren**, **feet***
positive ['pɒzətɪv]	Positiv, Grundform des Adjektivs	***good** – better – best, **interesting** – more interesting – most interesting*
positive statement [ˌpɒzətɪv 'steɪtmənt]	bejahter Aussagesatz, Erzählsatz	*I speak English and French.*
possessive adjective [pəˌzesɪv 'ædʒɪktɪv]	adjektivisch gebrauchtes, besitzanzeigendes Fürwort, Possessivpronomen	*my, your, his, her, its, our, your, their*
possessive form [pəˌzesɪv 'fɔːm]	besitzanzeigende Form, *s*-Genitiv	***Adam's** computer, **his friends'** books*
possessive pronoun [pəˌzesɪv 'prəʊnaʊn]	nominal gebrauchtes Possessivpronomen	*mine, yours, his, hers, ours, yours, theirs*
preposition [prepə'zɪʃn]	Verhältniswort, Präposition	*in, at, on, with, in front of, …*

present perfect [ˌpreznt ˈpɜːfɪkt]	*present perfect* (Perfekt)	*We **have finished** the lesson.*
present progressive [ˌpreznt prəˈgresɪv]	Verlaufsform des Präsens	***I am watching** TV.*
pronoun [ˈprəʊnaʊn]	Fürwort, Pronomen	*I, me, my, this, …*
question [ˈkwestʃn]	Frage, Fragesatz	***Is Adam at school?** – No, he isn't. – **Where is Adam?***
question word [ˈkwestʃn wɜːd]	Fragewort	*what, when, where, who, whose, why, which, how*
regular verb [ˌregjələ ˈvɜːb]	regelmäßiges Verb	*call – calle**d** – calle**d**, …*
relative clause [ˌrelətɪv ˈklʌːz]	Relativsatz	*The girl **who phoned** was Mary.*
relative pronoun [ˌrelətɪv ˈprəʊnaʊn]	Relativpronomen	*who, that, …*
sentence [ˈsentəns]	Satz, Satzgefüge	*I love Star Trek. Do you speak French?*
short answer [ˌʃɔːt ˈɑːnsə]	Kurzantwort	*Do you understand? – **Yes, I do.***
short form [ˌʃɔːt ˈfɔːm]	Kurzform	***I've** got a rabbit. She**'s** over there. – I **can't** see her.*
simple past [ˌsɪmpl ˈpɑːst]	einfache Form der Vergangenheit	*I **called** Katie. She **bought** a new skirt.*
simple present [ˌsɪmpl ˈpreznt]	einfache Form des Präsens	*She **reads** love stories every day.*
singular [ˈsɪŋgjʊlə]	Einzahl, Singular	*book, letter, dog, woman, child, foot*
statement [ˈsteɪtmənt]	Aussage, Aussagesatz	*She likes cats. I don't like dinosaurs.*
subject [ˈsʌbdʒɪkt]	Satzgegenstand, Subjekt	***Jessica** likes maths. **The girl** over there is Sophie.*
superlative [suːˈpɜːlətɪv]	Superlativ, höchste Steigerungsform	*bigg**est**, **best**, **most** interesting, …*
verb [vɜːb]	a) Zeitwort, Verb b) Satzaussage, Prädikat	*be, love, play, get up, … ; can, will, do, …* *She **likes** yoghurt. We **can play** cards.*
vowel [ˈvaʊəl]	Vokal, Selbstlaut	*a, e, i, o, u*
word order [ˈwɜːd ɔːdə]	Wortstellung	*subject – verb – object (S – V – O)*
***yes/no* question** [ˌjesˈnəʊ kwestʃən]	Entscheidungsfrage	***Is Adam at home?** – Yes, he is./No, he isn't.*

Register